16	3	2	13
5	10	11	8
9	6	7	12
4	15	14	1

Leonardo Gandolfi

POTE DE MEL
E OUTROS POEMAS

editora 34

EDITORA 34

Editora 34 Ltda.
Rua Hungria, 592 Jardim Europa CEP 01455-000
São Paulo - SP Brasil Tel/Fax (11) 3811-6777 www.editora34.com.br

Copyright © Editora 34 Ltda., 2025
Pote de mel e outros poemas © Leonardo Gandolfi, 2025

A FOTOCÓPIA DE QUALQUER FOLHA DESTE LIVRO É ILEGAL E CONFIGURA UMA
APROPRIAÇÃO INDEVIDA DOS DIREITOS INTELECTUAIS E PATRIMONIAIS DO AUTOR.

Imagem da capa:
Julius Bissier, 27.Juli 59, 1959, têmpera s/ tela, 18,2 x 22,6 cm,
Solomon R. Guggenheim Foundation, Nova York,
Hannelore B. and Rudolph B. Schulhof Collection,
bequest of Hannelore B. Schulhof, 2012

Capa, projeto gráfico e editoração eletrônica:
Franciosi & Malta Produção Gráfica

Revisão:
Alberto Martins, Cide Piquet

1ª Edição - 2025

CIP - Brasil. Catalogação-na-Fonte
(Sindicato Nacional dos Editores de Livros, RJ, Brasil)

	Gandolfi, Leonardo, 1981
G339p	Pote de mel e outros poemas / Leonardo
	Gandolfi — São Paulo: Editora 34, 2025
	(1ª Edição).
	144 p.
	ISBN 978-65-5525-231-6
	1. Poesia brasileira contemporânea.
	I. Título.

CDD - 869.1B

POTE DE MEL
E OUTROS POEMAS

Pessoas 9
Antes o rio corria 11
Mãos 13
Metamorfoses 15
Antes de assassinarem 19
O caracol 21
Bares 23
Fogo 25
Grão 27
Um passo 29
O corpo de Li Bai 31
Bob Dylan 33
Para Cora Coralina 37
Corte 39
Última vez 41
Nelson Cavaquinho 43
Máquina de escrever 45
Montevidéu 47
Poemas 51
Flechas sem alvo 53
Livros 55
Uma casa na praia 57
Oficina 59
Figos 61
Leitura 63
Pique-pega 65
Baratas 67
Linha sem traço 69
Teatro João Caetano 1989 73
Folhas secas 75
Cordas 77

Dobraduras	81
Minha coleção	83
Voltas	85
Pegadas	87
Histórias	89
Caminho	91
Algumas	93
Março e abril	95
Acidente	97
O que me disse o pintor e amigo Alexandre Wagner	99
Sair de cena	101
Bolinha de papel	103
A volta de Teleco, o coelhinho	105
Flutuar	109
Para Max Martins	111
Agora	113
Dobra	117
Graveto	119
Festa	121
Objetos	123
Na foto	125
Mão	127
Alice	129
Três estrofes	131
Pai	133
Antes do fim	135
Pote de mel	137
Sobre o autor	143

POTE DE MEL
E OUTROS POEMAS

PESSOAS

A maçaneta da porta
que você abriu
ou fechou
não se lembra
da sua mão

O espelho também
não se lembra dos rostos
que já refletiu —
a cada vez precisa
começar do zero

ANTES O RIO CORRIA

Antes o rio corria
e a canção dizia
o rio corre
antes a folha caía
e a canção dizia
a folha cai
nenhum coração batia
porque era só
o rio que corria
e a folha que caía

Agora
que o coração bate
a canção diz
o coração bate
mas bate
contra o outro
porque um coração
é só um coração
já dois corações
são um abismo

MÃOS

Escrevo sempre
o mesmo poema
aquilo que eu toco
me toca de volta com
três vezes mais força
cansa um bocado
mas vale a pena
ao riscar o interior da caverna
é que invento minhas mãos

\#

Quem já tocou a dor
sabe que ela
não é feita
da mesma matéria
da beleza
mas uma coisa
elas têm em comum
a beleza é simples
a dor também
quando você
soltou minha mão
deixou nela
a mesma marca
que a água deixa na pedra

\#

Com apenas
uma pincelada
com apenas
uma linha
Amilcar de Castro
faz desaparecer
a tinta sobre a tela
é muito simples
mas dá trabalho
fazer crescer a mão
depois de cortá-la
a cada novo quadro

METAMORFOSES

Lina acorda
dá banho na sua mãe
Lina também
faz outras coisas
por sua mãe
coisas que sua mãe
já não pode mais
fazer sozinha
por exemplo
depois do banho
Lina enxuga
com a toalha
cada um dos dedos
do pé de sua mãe

#

Algumas
jabuticabas
quase pisadas
no chão
alguém passa
e chuta
uma delas
que vai rolando
até cair
na poça d'água

entre
o meio-fio e a rua

#

Dona Ana
está varrendo
o quintal cheio de folhas
varre uma a uma
as folhas do quintal
que continuam a cair
bom dia Dona Ana
diz Seu Raimundo lá fora
bom dia Seu Raimundo
responde Dona Ana
enquanto varre uma a uma
as folhas do quintal

#

Tirei a manhã
para lavar
os panos de prato
estão todos no varal
menos um
que o vento
acabou de derrubar
tirei a manhã
para lavar
os panos de prato
estão todos no varal
começa a chover
vou correndo
recolher tudo
antes que seja tarde

\#

A cada palavra que anoto
apago duas
a cada passo que dou
volto dois
o coração em pedaços
morreu meu pai
hoje à tarde vou lá
buscar suas roupas

\#

Este é o poema
em que todas as pastas de dente
estão sem tampinha
não só as pastas de dente
todos os tubos de pomada
estão sem tampinha
me digam o que fazer
você mexe nas palavras
mas elas também mexem em você

ANTES DE ASSASSINAREM

Antes de assassinarem
Víctor Jara
os agentes da ditadura chilena
destruíram seus dedos
um a um
os mesmos dedos
com que tocava as cordas do violão

Enquanto dormia
Roque Dalton
foi metralhado no peito
por seus companheiros
do exército revolucionário
de El Salvador

Os dedos destruídos
de Víctor Jara
o peito metralhado
de Roque Dalton
e uma pequenina pena solta
sobre a mesa

Ela deve ter entrado
desprendida
de algum pássaro
pela janela

Queria mover
esta pequenina pena solta
sobre a mesa
nem que fosse por meio centímetro

Como mover nem que seja
por meio centímetro
esta pequenina pena solta
sobre a mesa?

O CARACOL

O caracol se deita
bem no fundo
da concha
e pronto
que coincidência
sua concha
ser feita
do mesmo
material
destas minhas
tão humanas
e bem cortadas unhas
eu arranho
você arranha
nós arranhamos

BARES

Já era tarde
quando
a grande porta de metal
baixou
mas nossos corações
resistiram
abertos
vagando pela noite
em busca
de outros corações e portas
prestes a fechar

FOGO

Os velhos mestres
sabem fazer fogo
com as palavras
copio letra a letra
seus textos
só para assistir ao pacto
que fizeram com a beleza

Quase nunca se enganam
quanto à dor
os velhos mestres
eu olho o fogo
e o fogo
me olha de volta
aqui começa o incêndio

GRÃO

Escrevo teu nome
em cada grão de arroz
a maré desce
o capim se dobra
escrevo teu nome
em cada grão de arroz

#

No caminho
das formigas
uma pedrinha
duas pedrinhas
muitas pedrinhas
se movendo
sem rolar
no caminho
das formigas
uma folhinha
duas folhinhas
muitas folhinhas
se mexendo
sem parar
no caminho
das formigas

\#

Aponto o lápis
escrevo teu nome
aponto de novo
gasto um lápis inteiro
com teu nome

UM PASSO

Um passo
para a frente
e pronto
só dá
para sentir
a tempestade
durante
a tempestade

#

O som não entra
pelo ouvido
é o ouvido
que inventa o som
quando alguma coisa
que ainda não é som
entra nele

#

Agora o mistério
de dois gansos
e um caçador
o velho
empunha o arco

e a última
das suas flechas
atinge um dos gansos
depois ele ainda quer
acertar a outra ave
mas já não tem flechas
então de novo
empunha o arco
desta vez vazio
mesmo assim
o segundo ganso cai

#

Vento que sopra
para lá
vento que sopra
para cá
velha canção
da noite
onde você está?

O CORPO DE LI BAI

Li Bai
mergulha no rio
para agarrar
o reflexo da lua
e se afoga

Para distrair os peixes
que atacam o corpo dele
camponeses
atiram na água
restos de arroz cozido

BOB DYLAN

Que venha a noite
verso adentro
e devolva minha antiga
forma humana
estou cansado de arrastar
esta longa cauda
estou cansado de só tocar
nas coisas com estes
pegajosos dedos de escama

#

Vou fazer com este cacto
o mesmo que fiz
com Whitman
deixá-lo sem água
até que seque
sou invertebrado
queimo livros
canções e amigos
me despedaço até estar
em cada um deles
não quero ninguém
no meu enterro
também não vou ao de vocês
outra cerveja por favor

\#

Acho que levaram
minha sombra
só que eu fiquei
eu não fui
estou aqui agora
mais pesado do que antes
apesar de trazer
uma parte a menos

\#

Olhei para um lado
e para o outro
eu estava cercado
por fantasmas
na verdade
eu também
era um fantasma
para mim
e para os outros
fantasma 1
fantasma 2
fantasma mil
uni-vos
acho que não
acho que sem querer
acabei trocando
problemas
por fantasmas
olhei para um lado
e para o outro
eu estava cercado
por problemas

na verdade
eu também
era um problema
para mim
e para os outros
problema 1
problema 2
problema mil
uni-vos

PARA CORA CORALINA

Deixei cair
o jogo de pratos
que foi da minha mãe
agora os cacos
no chão
me encaram
tento ouvir
o que eles dizem
mas não consigo
calma eu digo
para mim mesmo
uma coisa de cada vez

CORTE

Todo dia de manhã
lavo o rosto
e de tanto enxugá-lo
apago a boca com a toalha
daí tenho que abrir
uma nova boca
fazer um corte na horizontal
alguns centímetros
abaixo do nariz

Acontece que um corte
nunca sai igual a outro
por isso a cada dia
a voz que vem dessas bocas
de vida curta
parece nova
mas é uma mesma e velha voz
que a cada corte
precisa aprender a falar de novo

ÚLTIMA VEZ

A última vez
que te vi
não sabia
que seria a última
só suspeitava
no fundo
acho justo
não sabermos
a última vez
que vemos alguém
ainda mais alguém
que amamos
não sei o que é pior
prolongar as despedidas
ou não se despedir

NELSON CAVAQUINHO

Deito na cama contra a parede
do lado do meu cavaquinho
e sonho que vou morrer
às três da manhã

Então acordo pouco antes
é hoje que o Nelson vai embora
digo olhando o relógio

Quinze para as três
dez para as três
cinco para as três me levanto
para atrasar os ponteiros

Meia-noite em ponto
não vai ser hoje não
digo para o meu cavaquinho

MÁQUINA DE ESCREVER

Ronaldo diz que tem
uma máquina de escrever mágica
já tinha sido minha
quando eu era criança ele diz
depois acabou ficando
pelo caminho
eu digo que sim
que muitas coisas ficam
pelo caminho
daí ele diz que reencontrou
a máquina de escrever
numa feira de antiguidades
reconheci que era
minha máquina de escrever ele diz
meu nome estava escrito nela
da mesma maneira
que eu tinha escrito nela
quarenta anos atrás
pergunto se a máquina
de escrever é mágica só porque
foi reencontrada tanto tempo depois
não ele responde
ela é mágica porque se eu escrever
o nome dos mortos eles vêm até mim

MONTEVIDÉU

para Antonio Marcos Pereira

Na porta do prédio
toquei o interfone
do apartamento
de Mario Levrero
ele não atendeu
tinha morrido
há alguns anos
eu sabia disso
mesmo assim
continuei tocando
vai que ele atende

#

Um dia antes
eu tinha encontrado
Elvio Gandolfo
escritor argentino
amigo de Levrero
e de quem sou
ao que parece
primo distante
foi Elvio quem me falou
para tocar o interfone
do apartamento de Levrero
estava aí traçado
um caminho sem volta

\#

Elvio passa
temporadas
em Montevidéu
sabendo disso
fui tomar um café
com ele no bar
La Tortuguita
foi lá que ele me disse
que todos sempre
querem roubar
um pouco
da luminosidade
e do vazio
que tem nos livros
de Mario Levrero

\#

A conversa com Elvio
estava tão boa
que quando vi
minha xícara de café
estava vazia
isso era terrível
eu não deveria
ter pedido café
muito menos
ter tomado café
afinal já era tarde da noite
e eu ainda nem tinha
conseguido dormir
desde que cheguei na cidade

\#

Não sei se pelo café
ou se pelo fantasma
de Mario Levrero
mas essa história
de luminosidade
e de vazio
tinha começado a fazer
muito sentido
eu acho bom
quando as coisas
fazem sentido
mas quando começam
a fazer muito sentido
parece que algo passa do ponto

\#

Nesta hora
Elvio falou
que eu deveria
invadir a casa
de Mario Levrero
o quanto antes
para roubar
a luminosidade
e o vazio
que segundo ele
estavam lá
em algum canto
desse antigo apartamento
onde Levrero
tinha escrito
seus últimos livros

\#

Agradeci a Elvio mas disse
que só poderia fazer isso
depois de dormir
e foi o que fiz
apesar do café
consegui dormir e agora
um dia depois
estou aqui na porta do prédio
tocando o interfone
do apartamento
do grande escritor uruguaio
Mario Levrero
em busca de um pouco
de luminosidade e vazio

POEMAS

em memória de Nonato Gurgel

Meu amigo Nonato
escrevia
com a borracha
até hoje não sei
como ele apagou
mais poemas
do que escreveu

Toda vez que apago
um poema
me lembro
do meu amigo
na verdade
gosto de apagar poemas
só para me lembrar dele

FLECHAS SEM ALVO

Um dia
tarde da noite
dois grandes amigos meus
que em vida
nunca se encontraram
vieram juntos me ver

Nós os mortos
não viemos aqui tocar
a nódoa do teu poema
viemos porque somos
flechas sem alvo
às vezes atingimos
em cheio os nossos vivos

LIVROS

Alguns dias
depois do enterro
do Rodrigo
falei com sua mãe
ao telefone
ela pediu
para que eu ficasse
com a pequena
biblioteca dele
na hora eu disse que sim
mas nunca fui
buscar os livros

Lá se vão quinze anos
tenho agora
a mesma idade
que meu amigo tinha
quando morreu
até hoje não sei
porque não fui
buscar seus livros
as roupas do meu pai
busquei no dia seguinte

UMA CASA NA PRAIA

Estamos preparando
uma grande
salada de frutas
para as crianças

Cortar o melão
a maçã e o mamão
em pedacinhos
sob medida
para bocas tão pequenas

Enquanto isso
as crianças correm
quebram a porcelana
dos outros
fecham as feridas
de velhos corações

OFICINA

Mal me dei conta
já estava dentro
da barriga da baleia
o que você faz aqui
me perguntou um peixinho
vim em busca do meu pai

#

Fabrico um pai
de meus poucos recursos
um tanto de cinzas
um tanto de pó
pedrinhas
pedacinhos de ossos

#

Vento que sopra
para lá
vento que sopra
para cá
velha canção
da noite
onde você está?

FIGOS

Eram seis figos
na caixa
suculentos disse
a moça da feira
mas um caiu no chão
amassou
outro tinha bicho
minha filha comeu dois
o quinto Marília
usou no iogurte
só no último é que dei
uma mordida
o restante dele usei no poema

LEITURA

Às vezes demoro
para terminar de ler
alguns livros
outro dia mesmo
retomei a leitura
de um que estava
de lado faz tempo
e descobri nele
um caminho de traça
que não existia quando
comecei a lê-lo
e como a traça
ainda não tinha terminado
seu trabalho
ela decidiu fazer
comigo uma aposta
vamos ver quem chega
primeiro na última
página ela me disse

PIQUE-PEGA

Ilhas de sombra

Cuidado
gritam as crianças
enquanto pulam
de sombra em sombra
tentam não pisar na luz

Amendoeira

Vários galhos
mas só um quebrado
foi o trovão
ou a cigarra?
todas as crianças
vindo de uma só vez
para levar
o galho embora

BARATAS

Depois
de tentarem fugir
da garagem
foram tombando
uma a uma
de barriga para o alto

Mesmo viradas
ainda mexeram
um pouco as patas
instantes depois
pararam de mexer

Esse foi o fim
das baratas
da garagem
que viveram
no máximo
seis meses
dos nove
a que por natureza
tinham direito

LINHA SEM TRAÇO

Quando jovem
saí de casa
andei por terras distantes
e aprendi a pintar
laranjas que mais
pareciam limões
se hoje me perguntarem
onde estou
respondo ainda estou
fora de casa
em terras distantes
aprendendo a pintar
laranjas que se parecem
cada vez mais com limões

#

Dizem que uma pintura
pendurada na parede
é como uma janela
basta olhar através dela
mas uma pintura
é o oposto de uma janela
por isso gosto
diz Pierre Soulages
que minhas pinturas

fiquem suspensas no ar
elas são a parede

#

Em cada palavra
que escreveu
o poeta Jorge Cooper
buscou a linha sem traço
mas sempre
que fazia uma linha
acabava também
por fazer um traço
publicou seu primeiro livro
aos 75 anos
quando perguntavam
se tinha desistido
da linha sem traço
respondia não
ainda estou à procura dela

#

De volta a
Pierre Soulages
por que só tinta preta
perguntam a ele
não é só tinta preta
ele responde
eu pinto com a luz
que a tinta preta reflete

\#

Volpi estava lá
quieto em casa
e de vez em quando
recebia pessoas
que vinham
para que ele atestasse
se os quadros
que elas traziam
eram verdadeiros Volpis
na maioria das vezes
eram falsificações
mesmo assim
Volpi autenticava todos
uns porque
achava bem-feitos
outros porque
se condoía das pessoas
que eram sempre
muito simpáticas com ele

\#

A tinta do teto
aqui do quarto
começou a descascar
o processo todo
é simples
um dia a tinta está lá
e no dia seguinte
também só que
faltando um pedacinho
agora estou deitado
na cama as mãos

atrás da cabeça
olhando
para o ponto exato
onde a tinta
começou a se soltar
é só um pequeno ponto
mas pelo visto
vai dar trabalho

TEATRO JOÃO CAETANO 1989

Elizeth Cardoso
sabe que tem
pouco tempo de vida
e que esta é sua
última vez no palco
enquanto ali do lado
na praça Tiradentes
postes acesos
pombas levantam voo
pessoas indo e vindo

Este é um poema
para Elizeth Cardoso
meu pequeno poema
sobre o fim
e sobre tocar as coisas
e transformá-las
como disse a Fiama
somente as coisas tocadas
pelo amor das outras
têm voz

FOLHAS SECAS

Me reparto
em dezenas de pedaços
até que fiquem do tamanho
das folhas secas
que vão de um lado
para outro no quintal
agora flutuamos
agora batemos contra o muro
agora flutuamos de novo
somos um enxame
é a nossa dança

CORDAS

Belchior

Quando descobri o verso
tentei me segurar nele
para não cair
cabral pessoa beatles
o peito apertava
os dedos tremiam
o poema entrava pela mão
isso também aconteceu com
o café o cigarro e o amor

Nelson Cavaquinho

A cada vez que
corda e madeira vibram
corda e madeira
se transformam
em unha dedo mão
puxar cada corda
pinçar cada nervo
fazer de cada acorde
o último e continuar

Gal Costa

Segurei
para não chorar
não sei cantar
chorando
minha voz
se desmilíngue toda
não sei cantar
chorando
Elis conseguia
eu não
eu engulo o choro
para poder cantar

Paulinho da Viola

Este lápis escreve
ao mesmo tempo
em dois passados
um que não terminou
e outro que ainda
está para começar

Jacob do Bandolim

Gosto de músicos
que levam no nome
o nome
de um instrumento
afinal
o instrumento
não pertence a eles

eles é que pertencem
ao instrumento
por exemplo
Jacob do Bandolim
diziam
que não tocava
as cordas do bandolim
mas que era tocado por elas

DOBRADURAS

Rosa folheia
o livro das dobraduras
e pede que eu faça
um caranguejo
de verdade

Mal ficou pronto
e nosso caranguejo
já mexe suas garrinhas
senhor caranguejo
aonde você vai?

MINHA COLEÇÃO

Agora ela está
pedalando de um lado
para o outro
e às vezes vem até mim
entregar os gravetos
que recolheu do chão
que bonitos eu digo
é a minha coleção ela diz
antes de voltar para
sua bicicleta sem rodinhas

VOLTAS

Dizer pedra e jogar
pedras na poça d'água
dizer muro e pular
o muro para o outro lado
acontece que por mais longe que vá
ainda estou calçando o velho tênis
dou voltas na poça d'água
vou para frente e para trás na escala do verso
ponho o tênis e a pedra
depois corro dobrando os joelhos ralados
até bater de frente no muro
doem tanto meus joelhos ralados
estou no próximo poema
este acabou

PEGADAS

Pegadas
de um cachorro
e de uma pessoa
uma do lado da outra
gravadas há décadas
no cimento da calçada

Sempre
estiveram juntas
ou primeiro veio uma
e depois a outra
durante os minutos
em que o cimento secava?

HISTÓRIAS

Matisse
sobre os pintores
japoneses
da grande época —
mudavam de nome
várias vezes
ao longo da vida —
buscavam alcançar
aquele ponto
em que cada traço
vibra sozinho

#

Buñuel sem paciência
com o amigo
cuja receita
de dry martini
era deixar
um raio de sol
atravessar
a garrafa de vermute
para só depois virar
algumas gotas
no copo com gim

\#

Já John Cage está
sozinho
dentro da câmara
silenciosa
mesmo assim
ainda ouve
dois sons
o do sangue
nas suas têmporas
e o das batidas
do seu coração

\#

Agora é a vez
do pinheiro
cantado pelo velho
poeta Saigyō —
escrever
outro poema
sobre este pinheiro
diz Bashô
é o mesmo que tentar
acrescentar
um sexto dedo à mão

CAMINHO

De tanto
cortarem caminho
por aquele lugar
a grama ali
foi ficando rala
dá até pra ver
os pequenos trechos
de terra batida
também o teclado
do computador
está com
as letras gastas
algumas
de tão usadas
se apagaram
acho que são
as letras do teu nome

ALGUMAS

Algumas pessoas
se foram
mas ainda estão comigo
porque não sei
me despedir

Alguns bares
já fecharam
mas ainda estou neles
porque não sei
onde fica a saída

Alguns poemas
eu não escrevi
eles é que vão
me escrevendo'
por isso não uso ponto final

MARÇO E ABRIL

Todos
se aproximaram
do riacho
para ver
o grande salto do salmão
alguns traziam cerveja
outros apenas
o coração em silêncio
mas nada disso importava
só importava
estarmos ali
à espera
do grande salto do salmão

#

Amolador de faca
amolando facas
na calçada
quem quiser
é só trazer a sua
eu trouxe
a minha assim
enrolada
em pano de prato
quem quiser

é só trazer a sua
quanto é
para amolar tesoura
custa o mesmo
que faca
só que vezes dois
amolador de faca
amolando facas
na calçada

#

O vento e os dias
deixam
nosso rosto
mais vertical
a chuva
também cai
de cima para baixo

ACIDENTE

Um parafuso
furou
o pneu
e ficou tão bem
encaixado
nele
que depois
ainda andei
duas semanas
com o carro
antes
do pneu esvaziar
um pouco

#

Várias plantinhas
cheias de sol
e sem água
é hora
do caule seco
de cada uma
se partir ao meio
imaginem
a música feita
só com o barulho

de cada um
desses caules
se partindo ao meio

#

Pedras
de isopor
prédios
de papelão
riachos
de crepom
tudo no poema
é assim
para que você
não se distraia
do que
realmente
acontece nele

O QUE ME DISSE O PINTOR E AMIGO
ALEXANDRE WAGNER

Não dou bom-dia
ao vizinho
com a tinta
que uso na tela
já você dá bom-dia
ao vizinho
com as mesmas palavras
que usa no poema

SAIR DE CENA

Tocavam
as mesmas
canções
na mesma ordem
sempre
um pouquinho
mais rápido
por isso os shows
duravam
cada vez menos
hoje menos um minuto
amanhã
menos dois
assim por diante
dizia Joey Ramone
até sair de cena

BOLINHA DE PAPEL

Um gato
tanto tempo
parado
na frente
da parede
quando ele sai
deixa
sua sombra
gravada nela

#

Depois
de mexer o café
você passa
a colherzinha
por cima
da espuma de leite
fazendo
um desenho
de um único traço
antes do primeiro gole

\#

Bolinha de papel
a primeira
a segunda
o caderno inteiro
quanto mais
eu miro no poema
mais acerto na lixeira

\#

Agora
o lápis
tem
ponta afiada
agora
não tem
mais
só que
nada disso
se vê
depois
de impresso
o livro

\#

Caqui na fruteira
alegria das mosquinhas
e minha também

A VOLTA DE TELECO, O COELHINHO

para Murilo Rubião

Pensando bem
não é a volta
porque ele nunca
foi embora
sempre esteve aqui
eu não estava aqui diz ele
só voltei agora
então esta história
é de fato a história
da volta dele
Teleco o coelhinho

Primeira parte
Teleco quer saber
onde está a cenoura
obrigado diz Teleco
obrigado pela ajuda
mas pergunta também
a eles se alguém sabe
onde está a cebola
porque na minha sopa
eu quero cenoura e cebola

Segunda parte
Teleco muda de forma
se transforma

em outros bichos
mas às vezes
a metamorfose está
no meio do caminho
ele agora ainda é
um coelhinho
só que já está chorando
lágrimas de hipopótamo
que é o próximo bicho
que ele vai ser
gotas enormes
para olhos tão pequenos

Terceira parte
quando a sopa fica pronta
Teleco se depara
com outro problema
afinal Teleco agora é
uma baleia
tem tudo dela
menos a boca
que já é do tamanho
da boca
de um camundongo
bicho em que
muito em breve
ele vai se transformar
sorte que Teleco
está chorando desde antes
assim vai poder aproveitar
as lágrimas
para lamentar
esse novo incômodo

Quarta parte
o poema
é o autor do poeta
mas não do coelho
diz Teleco que agora
se metamorfoseou
numa borracha
e apesar dessa nova
e inusitada forma
Teleco ainda
consegue dizer
o seguinte
quem conta
um conto
aumenta um ponto

Quinta e última parte
não acontece nada
na vida
mas também
acontece muita coisa
enquanto isso
nenhum sinal de
Teleco o coelhinho
hora de fazer
algumas perguntas
entras elas
qual a forma
de Teleco agora
que não o reconheço
ou ainda
com quem vou tomar
essa enorme
e fria sopa
de cenoura com cebola

FLUTUAR

Nossos pés
se movem acima do chão
duas vezes

Uma na corrida
outra no amor

Não qualquer corrida
só aquela em que o ar
é quem nos conduz

Não qualquer amor
acontece que o amor
nunca é qualquer

Chegou a hora
de dedicar o poema
e o livro a Marília
com você tenho
os dois pés no chão
e também flutuo

É juntos que entramos
no olho do furacão

PARA MAX MARTINS

Todas
as palavras
da língua
estão acesas
ao mesmo tempo
sopro uma a uma
até que elas
se apaguem
mas sempre
sobram algumas

AGORA

Leila quer saber
ela esqueceu
os óculos
no rosto
onde estão meus óculos?
Theo também quer saber
ele esqueceu
a chave
na mão
onde está minha chave?
Joana não deixa por menos
e também quer saber
ela esqueceu
o chapéu
na cabeça
onde está meu chapéu?

#

Você veste
a camiseta
de manga longa
por cima
de outra camiseta
de manga longa
e a manga

da camiseta de baixo
começa a se amarrotar
subir na direção
do cotovelo
aí você tenta
puxar de volta
mas é tão difícil
puxar uma manga
por baixo da outra

#

Entre
as poucas
roupas
que busquei
do meu pai
está uma calça
que acabou
ficando
curta em mim
usei essa calça
durante um tempo
depois
não usei mais

#

Agora um tênis
ou melhor
agora um amigo
o poeta andarilho
Tiago Mine
dizendo
num poema

vai lá
arremessa
teu tênis velho
nos fios elétricos
deixa
um pouco da luz
dos teus passos
na cidade

DOBRA

Amilcar de Castro
dobrava o metal
com mais jeito
do que força

Lygia Clark
também dobrava
e não precisava
nem de jeito
nem de força
só de dobradiças

Um dia Amilcar
disse para ela
Lygia enquanto
a gente está indo
com a farinha
você já está
voltando com o bolo

GRAVETO

Com um graveto
Rosa brinca de mexer
na pequena poça d'água
mas logo volta a chover
e todo mundo corre
pra debaixo do toldo
menos um dos vira-latas
que faz de tudo
pra morder os pingos
antes de tocarem o chão

FESTA

Belchior datilografou
para si um a um
todos os versos
da Divina Comédia

Eu só queria saber
qual a sensação de colocar
aquelas palavras
naquela ordem disse ele

OBJETOS

Esfrego a frigideira
com o lado macio
da esponja
nem toda sujeira sai
esfrego então
com o lado áspero
acaba arranhando um pouco

NA FOTO

Na foto
do porta-retratos
meu pai se equilibra
em cima de uma árvore
boné preto e sorriso
ele olha para a câmera

Um bosque
com centenas de árvores
em qual delas
ele subiu
para sorrir na foto?

Minha irmã e eu
não sabemos
mesmo assim vamos até lá
levando conosco
a caixa com as cinzas dele

Na foto
a árvore é única
afinal só ela
está com meu pai
no porta-retratos
mas fora da foto
aqui no bosque
onde ela está?

Enquanto
caminhamos
às vezes minha irmã
me mostra
um tipo de musgo
nos troncos
que poderia ser
da nossa árvore
mas não é

Às vezes sou eu
quem mostra a ela
um tipo de raiz
fora da terra
que poderia ser
da nossa árvore
mas não é

Em qual jogaremos
as cinzas?
ela pergunta
digo a ela
que meu pai e eu
éramos um pouco parecidos
não tanto ela responde
teu boné é azul escuro
o dele era preto

MÃO

De novo a mão
a mesma
que agora
segura o livro
e antes
riscou
o fósforo
mão moldada
por todos
os corpos
que já tocou
como matéria
simples
que busca forma

ALICE

Quando Alice
encontrou
Humpty Dumpty
viu que o corpo dele
tinha a forma
de um ovo
conversa vai
conversa vem
Alice resolveu
elogiar sua gravata
que bela gravata
quer dizer
pensando bem
que belo cinto
Alice ficou na dúvida
não sabia distinguir
no novo amigo
o que era pescoço
o que era cintura
de modo que por isso
não podia decidir
se Humpty Dumpty
estava de cinto
ou de gravata
Marianne Moore
disse algo parecido

sobre a poesia
sapos de verdade
num jardim de mentirinha

TRÊS ESTROFES

Era uma vez
um peixe
que não tomava banho
mas também não suava
um peixe
que não bebia água
mas também não tinha sede

\#

Querida mosca
quando você pousar de novo
sobre o mesmo pedaço de grama
não vai encontrar mais
sua tão adorada
gotinha de água
ela acabou de escorrer

\#

A folha no galho
da árvore
a pena na asa
do pássaro
tudo se agita se Rosa
sopra o dente-de-leão

PAI

Descobri
um velho pedaço de papel
com sua letra

Nesses traços
a sombra da sua mão
ainda está se mexendo

É só um velho pedaço de papel
mas nele você ainda
consegue conjugar
os verbos na primeira pessoa

ANTES DO FIM

Dentro do piano
todas as canções já feitas
e todas ainda por fazer

Muda a estrofe um grilo
e uma cigarra cantam
mas só a cigarra é que explode

POTE DE MEL

para Rosa

A sombra do pinheiro
sobre o lago
nunca se molha
mas se o leitão e o coelho
se juntam para jogar
pedrinhas na água
a sombra do pinheiro
balança sem parar

\#

De tanto correr
o tigre perdeu
as listras amarelas
por favor crianças
vocês poderiam pintar
minhas listras de volta?

As crianças
tinham pincel e tinta
então o tigre
voltou a ser listrado

Acontece
que por continuar
correndo tanto
o tigre perdeu
as listras outra vez
mas agora as pretas
por favor crianças
vocês poderiam pintar
minhas listras de volta?

#

Oi coruja
disse o Pooh
oi Pooh
disse a coruja
levando um susto
eu sabia que era você
disse a coruja
eu também
disse o Pooh
vamos senão
chegamos atrasados
disse a coruja
atrasados onde?
perguntou o Pooh
lá onde as torneiras
ainda estão pingando
disse a coruja
mas por que
ainda estão pingando?
perguntou o Pooh
porque não estão
bem fechadas
disse a coruja

todas pingando
ao mesmo tempo?
perguntou o Pooh
todas pingando
ao mesmo tempo
disse a coruja
mas com uma gota
caindo de cada vez

#

Era uma vez um tigre
que amava as folhas
das árvores agitadas pelo vento
seria tão bom se a canção
fosse feita apenas dessa imagem
a imagem predileta do tigre
folhas das árvores agitadas pelo vento

#

Perdi
minha sombra
estava aqui
não está mais
dez da manhã
meio-dia
seis da tarde
onde foi parar?
por ali
diz o leitão
ela não volta mais
diz a coruja

\#

Minha filha e eu
vamos fazer juntos
este poema
então dizemos rio
depois dizemos ponte
e sobre essa ponte
está nosso amigo o leitão
que é tão pequeno
e tem medo de atravessá-la
porque uma vez caiu dela
mas isso já faz tempo
minha filha e eu
vamos fazer juntos
este poema
então dizemos medo
depois dizemos tempo
papai que tal
dessa vez o leitão
dar a mão a um amigo?

\#

Como é bom
não dizer nada
se me pedem
para dizer algo
não digo nada
dizer nada
é quase tão bom
quanto ficar
em silêncio

E quanto ao vento?
está soprando
e quanto ao rio?
está correndo
e quanto ao pote?
está vazio

A coruja ri
dos meus versos
diz que eles
têm ideias de menos
eu também rio
um pouco deles
minha barriga
está roncando
que tal a gente
comer uma coisinha?

SOBRE O AUTOR

Leonardo Gandolfi nasceu em 1981, no Rio de Janeiro, e desde 2013 mora em São Paulo, onde é professor de literatura no Departamento de Letras da Universidade Federal de São Paulo (Unifesp) e no Programa de Pós-Graduação em Letras da mesma universidade. Publicou os livros de poemas *No entanto d'água* (7Letras, 2006), *A morte de Tony Bennett* (Lumme Editor, 2010), *Escala Richter* (7Letras, 2015) e *Robinson Crusoé e seus amigos* (Editora 34, 2021). Teve editado na Argentina *La muerte de Tony Bennett* (tradução de Paloma Vidal, Ediciones Lux, 2021). Foi o responsável pela organização e o posfácio da antologia *O coração pronto para o roubo: poemas escolhidos* (Editora 34, 2018), de Manuel António Pina, e escreveu o livro sobre esse mesmo poeta para a coleção Ciranda da Poesia (Eduerj, 2020). Organizou, com Claudio Leal, *Cancioneiro geral* (Círculo de Poemas, 2024), reunião de livros e canções de José Carlos Capinan, e, com Jhenifer Silva, *Faça um samba enquanto o bicho não vem: poemas para Sérgio Sampaio* (Telaranha Edições, 2024), antologia de poesia contemporânea em homenagem ao músico e compositor capixaba. Ao lado de Marília Garcia, idealizou e coordenou a Luna Parque Edições. Foi também um dos criadores da coleção de livros e plaquetes Círculo de Poemas, que em seus dois primeiros anos (2022-2023) foi um projeto conjunto das editoras Luna Parque e Fósforo.

ESTE LIVRO FOI COMPOSTO EM SABON,
PELA FRANCIOSI & MALTA, COM CTP
E IMPRESSÃO DA EDIÇÕES LOYOLA EM
PAPEL PÓLEN NATURAL 80 G/M² DA CIA.
SUZANO DE PAPEL E CELULOSE PARA A
EDITORA 34, EM MARÇO DE 2025.